Relation du païs de jansenie.ᵃ
Canon du Concile de Pamprone
different entre les jés. et Santeuil
faux aristarque reconnu
Lettre de l'abé de... au chev.
def. du tr. de l'amitié de Saci.
def. du paralelle des italiens et des
françois en ce qui regarde la
musique et les opera:

ᵃ. par Louis fontaines sr de St
Marcel.

36

RELATION
DV PAYS
DE
IANSENIE,

OV IL EST TRAITTÉ DES
singularitez qui s'y trouuent, des
Coûtumes, Mœurs & Religion
de ses Habitans.

Par LOVYS FONTAINES
Sieur de Saint Marcel.

A PARIS,
Chez la Veufue & DENYS THIERRY,
ruë S. Iacques à l'enseigne S. Denys

ET AV PALAIS,
Chez CLAVDE BARBIN, dans la
Grand'Sale, au Signe de la Croix.

M. DC. LX.

A
MONSIEVR
DE ******

Monsievr,

Ie vous ay souuent ouy plaindre que l'on voyoit assez de Relations de la Chine & du Canada, mais qu'il n'en auoit point encore paru qui feissent sçauoir au vray quel pays c'est que la Iansenie
ã

Contentez-vous, Monsieur, voicy ce que vous auez desiré, vn autre en auroit fait vn gros liure, mais ie sçais combien la longueur vous est importune: i'ay eu égard à vostre inclination, & pour vous dire tout, à la mienne propre qui ne me porte pas à cét épanchement de paroles, que vous nommez quelquefois le profit du Libraire, & le supplice du Lecteur. Si ie m'estois plus étendu, peut-estre m'auriez vous laissé là par mépris ou par ennuy, comme on fait les grands parleurs; & quantité de personnes qui se retranchent les satisfactions trop cheres se seroient priuées volontiers d'vn liure qui auroit cousté dauantage. L'on peut dire beaucoup de choses en sept ou huict feuilles de papier, & ie me trompe si vous trouuez en celles-cy rien qui approche des amplifications du College ou du style des commentaires. I'auois cru que le discours que ie vous adresse suffiroit pour satisfaire vostre curiosité & mesme celle du public, mais quelqu'vn m'a donné auis d'y ioindre la Carte que vous voyez, où l'on découure en vn instant l'assiette du pays; les riuieres qui l'arrousent & qui le lient auec les Estats voysins; Les diuerses

ã iij

choses qu'il produit, & la mer où se rendent toutes les eaües d'vne si celebre contrée. Peut-estre prendra-il enuie à quelqu'vn d'en faire vne description plus exacte & plus reguliere quand il aura veu celle-cy: i'en seray fort ayse, & ie m'asseure qu'elle auroit vn plus grand debit dans la France que l'Almanach qui fist tant de bruit apres la declaration du Pape Innocent, & depuis le Iansenisme foudroyé. Ie n'oserois vous dire que vous feriez cela mieux qu'homme du monde, car ce seroit vous porter à suiure mes lumieres, & i'auoüe que ie n'en ay point qui vallent les vostres. Faites donc ce qu'il vous plaira, Monsieur, & tenez moy toûjours

Vostre tres-humble, & tres-obeïssant serviteur,
FONTAINES DE S. MARCEL.

EXTRAICT DV PRIVILEGE du Roy.

PAr grace & Priuilege du Roy en datte du 26. Ianuier 1660. Signé Mareschal; Il est permis à Louis Fontaines sieur de S. Marcel, de faire Imprimer, vendre & debiter durant sept années, par tel Libraire ou Imprimeur que bon luy semblera le liure par luy composé, intitulé *Relation du Pays de Iansenie*, où il est traitté des singularitez qui s'y trouuent, &c. Auec deffences à tous autres de le contrefaire, sous les peines portées en l'Original.

Et ledit Sieur de S. Marcel a ceddé & transporté tout le droit de son Priuilege à la Veufue & Denys Thierry, pour en iouïr entierement.

Régistré sur le liure de la Communauté des Marchands Libraires & Imprimeurs, le 3. Feurier 1660. signé, George Iosse Scindicq.

Acheué d'Imprimer le 4. Feurier 1660.

RELATION DV PAYS DE IANSENIE,

OV IL EST TRAITTE' DES
singularitez qui s'y trouuent, des coustumes, mœurs & Religion de ses Habitans.

IE veux décrire vn pays dont les Geographes n'ont point parlé iusqu'icy, & l'on doit croire ce que i'en diray, parce que i'en ay fait le voyage, i'y ay demeuré pres de cinq ans, & ie n'auanceray rien que sur la foy de mes propres yeux.

La Iansenie est vne Prouince fort agreable & fertile, située entre la Libertine qui la borne à l'Orient par ses vastes & grasses campagnes ; La Desesperie (quasi toute en sables & en rochers) qui ferme sa partie Occidentale, & la Caluinie qui la touche au Septentrion. Au Midy elle a cette mer orageuse dont l'on n'a pû encore trouuer le fond, & qui n'est pas moins renommée par les monstres qu'elle porte ; que par les

vaisseaux qui s'y perdent.
La principale ville où il y a Parlement & Vniuersité, est assise iustement au milieu du pays sur lequel elle commande; & l'on croit que ses fondateurs iugerent qu'il estoit mieux de la mettre là pour vne plus grande commodité de se rendre aux trois prouinces voisines; car ainsi les chemins sont égaux en longueur de tous costez, & de quelque part qu'on se tourne, la traitte est si peu ennuyeuse, qu'vn Iansenien bon homme de pied, pourueu qu'il parte du

matin, y peut aller en moins de quatre iournées. Il y a mesme des postes establis pour les plus hastez, & des coches qui ne manquent iamais à leur iour.

Cette terre fût premierement habitée par vne Colonie de Flamands qui luy donnerent le nom, & qui bien tost apres la rendirent fameuse par la nouueauté de leurs loix. La curiosité & l'interest y attirerent depuis beaucoup de gens, de diuerses nations qui la peuplerent comme nous voyons auiourd'huy.

de Ianſenie.

Les hommes y ſont communement fort petits & les plus hauts ne paſſent point noſtre taille mediocre, quoy que les portraits qu'ils font faire par leurs peintres les repreſentent quaſi tous d'vne grandeur extraordinaire.

Ils ont la teſte menuë, mais fort dure, à raiſon de l'epoiſſeur de leur crane, & les eſprits ſuiuent la conſtitution des corps.

Par la diſſection qui s'en eſt faite en diuerſes occaſions, l'on a trouué que pluſieurs auoient le cœur double, & l'on croit que

A iij

c'est pour cela qu'ils ne sont point sinceres dans leurs procedez: qu'ils ont tousiours diuerses fins, & qu'en mesme temps ils peuuent vouloir les contraires.

Leur plus ordinaire maladie c'est vne dangereuse enfleure, de laquelle ils meurent quasi tous, & dont ils n'ont pû encore trouuer le remede, qu'en sortant de leur pays, à quoy bien peu se resoluent, car le climat leur semble doux, & quand ils peuuent s'aperçeuoir que quelqu'vn des leurs les veut quitter, ils vſent de tant d'artifices & l'obligent en tant de manieres, qu'ils le font demeurer de force.

Ils ſe reglent ſur la Lune, non point ſur le Soleil, comme les autres nations, & la moitié du temps ils ne ſçauent comme ils viuent, parce que leurs horloges vont touſiours mal, ayans ſi peu l'art de les gouuerner, que le dedans de la machine ne répond iamais à la montre.

Leurs maiſons ſont à peu pres comme les noſtres, & chacune a ſa porte de derriere pour vne plus grande commodité de se rendre où ils veulent sans estre veus.

Ils se visitent de nuit plustost que de iour, afin (disent-ils) de prendre ce temps-là sur le sommeil; & toutes leurs bonnes affaires ne se traittent qu'à la chandelle.

Pour se distinguer du reste du monde (dequoy ils ont vne extréme passion) ils étudient vn caractere tout particulier, qui se remarque en la conduite de leur vie, en leurs habits, en leur langage. Ils marchent mesme d'vn certain pas qu'ils ont appris: ils vsent de tons qui ne nous sont point familiers, & à tous propos ils tournent les yeux de mesure, (ce qu'ils nomment les apostrophes de la veuë) & d'vne sorte que vous diriez qu'ils vont mourir.

Ils s'estiment les plus sçauans de la terre, & il n'y a point de petit maistre d'école, ny de cuisinier en soutane parmy eux qui ne porte ce iugement de luy-mesme. Aussi tiennent-ils qu'eux seuls entre les peuples possedent l'arbre de la science du bien & du mal, & que le fruit qui en procede n'estant point communiqué aux autres, c'est vne necessité qu'ils ignorent les meilleures choses.

L'Imprimerie est l'Art où ils se portent dauantage, & où ils sont mieux versez, & veritablement l'on ne voit rien de plus exact ny de plus ioly que ce qu'ils font en ce genre: mais ils ne se soucient pas tant de la substance des matieres que de la façon de les traitter. S'il s'y glisse quelque chose contre la bonne foy ou la verité, c'est dequoy ils ne se mettent pas fort en peine, pourueu que leurs fautes soient parfaitement correctes, en beaux carracteres, en papier fin, & reliées bien proprement. Cela leur donne vn grand cours principalement parmy les femmes, qui ayment le doré & le poly sans porter la veuë plus loing.

Toutes les armes dont ils se seruent leur viennent de la Caluinie, soit qu'ils n'ayent pas l'adresse d'en faire eux mesmes, soit qu'ils n'en veuillent point prendre la peine, mais ils les fourbissent excellemment, & les rendent si belles & luisantes, que les gens de barreau, les femmes mesme en achettent assez souuent par curiosité pour en parer leurs cabinets.

C'est dequoy ils se font des presens aux étreines, tous les ans, & ie ne pus vn iour m'empescher de rire voyant vne Dame qui marchandoit deux pistolets pour en obliger son amie.

Ils ne se seruent que de poudre sourde, en quoy

ils sont fort dangereux, neantmoins comme c'est l'vsage du pays personne n'y trouue à redire, & ils se mocquent de nous qui ne pouuons essayer vne arme à feu sans que tous les voisins le sçachent, ny abattre vn oyseau sans faire bruit.

Ils ont des foires celebres où les Caluiniens enuoyent des Bibliotheques entieres, qui se debitent en moins de rien, car entr'eux & les Ianseniens il y a grande correspondance pour les lettres aussi bien que pour les armes, & mesme ils se prestent reciproquement leurs Professeurs, quand par mort quelque chaire vient à manquer & qu'ils n'ont personne pour la remplir.

C'est de là que leurs viennent encore les plus beaux carracteres dont ils se seruent pour l'impression, & ils en ont de toutes sortes, excepté de lettre Romaine.

Ils trafiquent en Libertinie auec leurs voisins, & en retirent beaucoup d'argent pour les marchandises qu'ils y enuoyent, qui sont vins, sucres, ambregris, qui est assez commun en leurs costes, soyes, toilles fines & autres choses qui seruent à la volupté.

Leur trafic est plus triste & de moindre profit en Desesperie, où ils ne font porter que ce qui est conforme à l'humeur du pays; c'est à sçauoir des cousteaux, des cordes, du chanvre pour en faire à discretion, des draps mortuaires de diuerses étoffes & de diuers prix; des torches pour les funerailles; des drogues pour embaûmer les corps; des tables de marbre, des placques de cuivre toutes prestes pour receuoir des épitaphes.

S'ils s'adonnent à quelque science, c'est touſiours ſans s'attacher à aucune forme, car ils ayment mieux faire les regles que les receuoir, & ils conteſtent meſme les principes dont tous les autres conuiennent.

Leurs Philoſophes n'admettent point le ſens commun, & comme i'eſtois dans le pays, vn de leurs Profeſſeurs fut caſſé pour en auoir fait vn des articles de ſon cours.

Voicy

Voicy comme ils paſſent leurs Docteurs: Celuy qui veut eſtre reçeu ſe preſente en la compagnie des habiles (c'eſt ainſi qu'ils la nomment) & apres auoir donné des preuues de ſa ſuffiſance par vne diſpute publique, s'il a le plus grand nombre des ſuffrages, on le fait premierement iurer ſur vn liure qu'ils appellent le liure Saint, de ne ſe départir iamais de la doctrine du pays. Ce liure n'eſt pas en moindre veneration parmy eux qu'eſtoit autrefois celuy de la Sybille dans Rome, & quoy que le peuple ne sçache point ce qu'il contient, neantmoins sur la croyance qu'on luy a donnée qu'il est tout plain d'oracles & de reuelations de Dieu, il en baise la couuerture auec respect quand on le luy permet, & tient heureux les depositaires de ce sacré volume où sont compris tant de mysteres.

En suitte on donne au nouueau Docteur vne robe de reuesche à manches, fourrée de renard au lieu d'hermine; quoy fait l'on met sur sa teste vn vieux chapeau qui sert tousiours en semblable ceremonie; c'est celuy du Docteur qui fonda leur Vniuersité, & que l'on a tousiours conserué depuis sa mort, parce qu'on croit qu'vn Docteur ne seroit pas bien fait, ny digne de son grade s'il n'auoit porté ce chapeau. La derniere ceremonie c'est le bonnet vert, & quiconque est éleué à cette dignité peut s'asseurer d'estre à son ayse toute sa vie; car le peuple se taxe soy mesme pour l'entretenir grassement, & les femmes deuotes sont leur soin principal de ce religieux service.

La Rethorique est tellement en vsage dans la Iansenie, que tout le monde s'en mesle; mais ils ne peuuent souffrir la musique, c'est pourquoy il ne leur faut jamais parler d'accords. Neanmoins la trompette leur plaist, parce qu'elle sert à la guerre, pour laquelle ils ont beaucoup d'inclination, quoy qu'ils y ayent tousiours du pis & qu'ils n'en reuiennent point sans en raporter quelques marques.

Quand ils ont perdu

vne bataille, ils couurent leur douleur si habilement, qu'à les voir & à les oüir, vous iugeriez qu'ils l'ont gagnée; & pour amuser le peuple, ceux qui commandent ne manquent iamais de faire mettre en grande ceremonie dans leurs Temples, certains drapeaux comme emportez sur l'ennemy, qu'ils ont pourtant fait faire eux mesmes pour seruir à cét vsage de vanité.

C'est vn plaisir de les entendre parler de l'antiquité de leur ville. Ils disent qu'elle fût bastie par vn

Prince d'Hypone qui viuoit il y a plus de douze cens ans, & ils se vantent d'auoir des titres qui le prouuent si clairement, qu'il est impossible d'en douter. Leurs plus hardis Annalistes poussent au delà, & asseurent que ce Seigneur ne fit seulement que la rebastir; qu'elle auoit esté fondée prés de quatre cens ans deuant par vn fameux Prince de Tarse grand guerrier, qui viuoit au siecle de Gamaliel, & qui dans sa ieunesse auoit eu ce celebre personnage pour precepteur.

de Iansenie. 23

De fait ils monstrent aux estrangers vne grande espée, qu'ils disent estre la mesme dont il se seruoit dans ses batailles, comme on fait voir à Saint Denys celle de la Pucelle d'Orleans: mais i'apris d'vn Iansenien mon amy & plus ingenu que les autres, que cette épée n'auoit pas plus de trente ans ; qu'on l'auoit fabriquée sur le modele des vieilles armes, & que l'artisan qui l'auoit faite estoit mort depuis peu d'années.

Toute la ville est pleine de statuës qu'ils ont fait

enfumer pour leur bailler la couleur que le temps donne à ces ouurages; mais il ne faut pas estre fort sçauant aux antiques pour découurir la tromperie: neantmoins comme il y a dans la Prouince des Historiens gagez pour composer des liures où ces faussetez se rencontrent, & des gens attitrez pour en faire la distribution par tout, le sot peuple croit ce qui s'imprime, & se vante d'vne antiquité dont les intelligens se rient entr'eux, quand personne ne les écoute. S'il prend enuie à quelque étranger de se faire naturaliser dans le pays, ils n'y apportent aucune difficulté, parce qu'ils croyent que c'est l'honneur de la nation, & au lieu de luy faire payer ses lettres, on luy donne mesme de l'argent pour les receuoir. Cela est cause que plusieurs, qui sont au bout de leurs finances, renoncent à leur patrie où ils n'ont rien à esperer du costé de la fortune; mais ceux qui sont ainsi reçeus ne peuuent estre auancés aux charges qu'apres qu'vn long-temps a fait voir qu'ils ont pris tout à fait l'esprit du pays, qu'il n'y a plus rien à craindre de leur part, qu'ils sont personnes secrettes. Car la deffiance est naturelle à tous les Iansèniens, & iusques là, qu'aux choses mesmes de neant ils vsent de precaution. C'est par ce principe qu'ils entretiennent vn grand nombre d'espions de tous costez pour leur rapporter ce qui se passe, & qu'ils depensent tant en lettres, que ce qui s'en dit ne semble pas estre croyable.

Il n'y a point d'estat dans

le monde où les seruices soient mieux reconnus ny plus honorablement, & il se voit dans la place publique vne statuë auec son éloge, pour éterniser la memoire d'vn personnage, qui de son temps fût employé en vne negociation d'Italie auec fort peu de succez ; aussi dit-on que quelqu'vn en auoit pris sujet de mettre ces deux mots Latins à la base de la figure, Itineri, *non tibi*, pour faire voir que cét honneur luy auoit esté decerné, non point parce qu'il eust bien fait, mais pour payer son voyage. Ces sortes de reconnoissances sont si ordinaires dans le pays, que deux hommes y ont reçeu le mesme honneur pour auoir composé vn liure ensemble sur les loix qui s'obseruent parmy eux, le plus sçauant ayant fourny les matieres, & l'autre les belles paroles, ce qui esmeut la question, sçauoir si vn homme pouuoit estre enfant de deux peres, & supposé que cela pût estre, s'il seroit sensé legitime.

Le titre d'Heroïne est donné à toutes les femmes

pecunieuses qui contribuent à la reparation des murailles de la ville, à la fonte des canons, & au payement de la garnison. C'est à celles là que les Autheurs ont de coustume de dedier leurs liures pour les engager encore plus dans les interets du pays par leurs belles Epistres liminaires & pour leur enfler le courage. Le comble de l'honneur c'est de leur permettre d'auoir rang entre les Docteurs & plusieurs y sont receuës; mais il faut qu'auparauant elles ayent leu certaines traductions qui inspirent la suffisance, & qu'elles en rendent bon témoignage par écrit.

Dans cette Region il se trouue des animaux qui nous sont tout à fait inconnus: comme des loups qui portent laine : des renards de tout poil, mesme de priuez qui viuent auec les poulles, & dit-on sans leur faire mal ; des perroquets noirs qui parlent fort bien : des hybous fraisés qui chantent melodieusement, & qui se font mieux oüyr que nos rossignols.

Leurs veaux sont beaucoup plus grands que les nostres : leurs asnes tout de mesme, & par vne coutume receuë dans le pays de temps immemorial, l'on a soin de leur couurir les oreilles. C'est l'office des femmes de faire les beguins & les bonnets qui doiuent seruir à cét vsage. Leurs pies qui caquettent beaucoup, ne retiennent gueres que les iniures qu'on leur apprend. Leurs chiens n'aboyent qu'aux étrangers, car ils les connoissent à l'odeur, & courent leur ordures comme les chats, mais si proprement qu'il ne paroist pas qu'ils ayent rien fait ; ce qui a donné sujet à quelques simples de croire qu'ils rendent par transpiration le superflu des alimens.

Comme ils se plaisent fort à écrire, ils nourrissent pour cela grand nombre d'oysons, ce qui fait bien voir qu'on n'auoit pas raison de dire qu'ils n'vsent que de plumes d'aigle.

Ils n'ont pas moins de bestes à corne que nous, soit domestiques, soit sauuages, & leurs forests portent rent des cerfs d'vne remarquable grandeur : mais quoy qu'ils en prennent assez souuent, ils ne se sont point encore auisez d'en mettre la teste à leurs portes.

L'on tenoit comme i'estois là que quelque sorcier auoit ietté vn malefice sur les filets de leurs chasseurs, car quelque vigilance qu'ils eussent, & quelque soin qu'ils pussent prendre, ils n'attrapoient que des butors ou des gruës

L'aconit est la fleur qui vient plus naturellement

dans le pays & tous leurs iardins sont infectez de ce poison. En recompense le laurier y croist assez beau, duquel ils se font des couronnes : car comme ils se croyent proches parens des Muses, ils prennent volontiers l'equipage du Parnasse, & d'autre part il s'en trouue parmy eux de si persuadez de leurs victoires, pour en auoir eu seulement l'imagination, qu'ils se rendent à eux mesmes l'honneur d'vn perpetuel triomphe.

Ce pays est fort suiet à estre frapé de la foudre,

ce qui est cause que les habitans ne s'en étonnent comme point: l'on dit pourtant qu'ils furent extremement troublez lors que le tonnerre sans éclair precedent & sans faire beaucoup de bruit, brisa l'épitaphe du Prince de leur nation.

Outre les riuieres distribueés pour le bien des terres & pour la commodité du commerce, l'on y voit vn lac que plusieurs tiennent tout semblable à celuy de Geneue, mais d'autres croyent que la figure en est vn peu differente,

& il est certain que l'eau en est beaucoup plus subtile.

Cette prouince produit des mines d'or & d'argent, qui la font sur tout estimer: Le mercure y est plus commun, & quantité de gens s'y occupent à chercher le secret de le rendre fixe, mais au lieu d'en venir à bout, il leur monste tousiours à la teste, & enfin par vne suitte necessaire, il leur cause de grands tremblemens.

De tous les fruits il n'y a que le bon Chrestien qui n'y peut venir, quelque artifice que l'on y apporte : mais ils en ont vn autre qui en a toute l'apparence & qu'ils appellent du mesme nom : la difference se connoist seulement au goust qui n'a rien de la douceur du bon Chrestien veritable.

Les Ianseniens receurent l'Euangile d'vn certain Margalicus, ennemy declaré de nos Roys (l'on ne conuient pas de l'année) mais entremeslé d'opinions si méchantes & si abominables, qu'on ne les peut lire ny entendre sans horreur.

Ils soustiennent auec opiniastreté qu'il y a certaines personnes pour lesquelles seules le Sauueur est mort: que les autres, dont le nombre est incomparablement plus grand, ne reçoiuét aucuns secours qui les puissent mener à l'éternité bien-heureuse: que Iesus-Christ n'a eu aucun dessein pour cela, quand il a répandu son sang: que s'il arriue qu'il donne sa grace dans le baptesme ou dans la penitence à quelqu'vn de ces mal-heureux, c'est comme vn vent fauorable qui nourrit l'esperance pour vn temps, mais qui ne les doit point mener au port, & qui les abandonne au milieu des flots pour en estre necessairement étouffez; quelques fois mesmes sans qu'ils en ayent donné sujet par aucune infidelité.

Que Dieu se plaist à faire ces coups de rigueur: que de sa part, le salut est vne chose faite ou faillie, par la concession, ou par le refus de ses graces, qu'il n'accorde qu'à peu de gens, parce qu'il veut punir largement les enfans d'Adam pour le peché de leur pere. Qu'il leur impose des loys qu'ils ne peuuent obseruer qu'auec vne ayde qu'on leur dénie : que c'est assez neantmoins pour les perdre iustement, de pouuoir dire qu'ils n'ont pas fait ce qui leur a esté commandé, parce qu'il suffit que Dieu ordonne vne chose pour obliger l'homme à l'execution du precepte, fust-ce de voler, quoy qu'il n'aye point d'aisles, ou que par mal-heur elles luy ayent esté coupées.

Qu'il fait assez de bien

aux reprouuez quand il leur donne l'estre accompagné de toutes les faueurs temporelles qui leur font passer la vie doucement. Que les ayant destinez pour estre les victimes de sa fureur, c'est les gratifier beaucoup de les engraisser pour le iour du sacrifice & de les couronner de fleurs ; que toutes les misericordes qu'il fait à ces infortunez, sont seulement de beaux voiles pour couurir le dessein qu'il a de les perdre ; de doux amusemens, qui les obligent cependant d'appeller

Dieu leur bon Maistre, leur Sauueur, leur aymable Pere, quoy qu'il leur prepare des chatimens inéuitables, & que toutes leurs prieres, toutes leurs penitences ne soient point capables de le flechir sur cét article d'éternité. Enfin qu'à la reserue d'vne petite poignée d'esleux qu'il veut absolument sauuer, les diables & tout le genre humain luy sont vne mesme chose.

Quant au Pape, ils disent que le saint Esprit ne luy a point esté promis : qu'il ne faut point s'arrester à tout ce qu'il dit, s'il parle seul : qu'il s'imagine voir dans les liures ce qui n'y fut iamais ; & mesme qu'il ne sçauroir lire. Que c'est vn vsurpateur de puissance souueraine, qu'il ne faut point souffrir : Que trois testes de leur pays contiennent plus de ceruelle, plus de doctrine, que luy & tous les Cardinaux ensemble n'en peuuent auoir, auec tout ce qu'il y a de Professeurs en Theologie dans le monde : Que ceux qui ont receu, le temps passé, comme decisions de foy, les declarations des Papes, eſtoient de bons niays qui n'auoient ny ſuffiſance, ny courage.

L'on ne ſçait pas encore bien nettement ce qu'ils penſent de l'Euchariſtie: voicy ce qui s'en dit de plus certain. Pour l'honorer dauantage, ils ont couſtume de la ſuſpendre; ils diſent pour raiſon que cela ſe faiſoit autrefois, & que le temps paſſé comme le plus venerable, doit eſtre la regle du preſent; Que Ieſus-Chriſt, ſelon Saint Paul, eſt ſeparé des pecheurs, plus haut que le

Ciel, sur lequel est posé le siege de sa Majesté; qu'ainsi nos tabernacles n'ont point ces grandes significations qui representent les mysteres, & qui obligent les Chrestiens de se souuenir, que le Sauueur est au dessus d'eux par sa sainteté & par la place qu'il occupe.

Quelques vns leur voulurent dire qu'il faut s'accommoder au temps où l'on est: que cette suspension d'Hostie peut causer beaucoup d'accidents, & que c'est vne chose fascheuse de voir le Sacrement par terre quand le cordeau est rongé de quelque beste, ou vient à rompre de vieillesse. Que les tabernacles dont on se sert aujourd'huy dans les autres pays, & qui sont à la portée de la main, expriment parfaittement bien cette descente admirable du Verbe humilié dans vne nature estrangere, & signifient qu'il s'est aproché de nous par sa sainte Incarnation. Cét aduis fût iugé de nul poix, & ils arresterent pour tousiours que le saint Sacrement seroit pendu, quand il n'y auroit autre raison, sinon que les autres nations dont ils ne doiuent pas prendre la loy n'en vsent pas ainsi, & qu'il leur falloit contredire.

Ils ont tant de respect pour l'Eucharistie, qu'vn de leurs grands souhaits seroit d'en estre priuez toute leur vie par humilité, & mesme à l'heure de la mort.

En quelques lieux ils gagent des Prestres pour ne dire la Messe que rarement, afin d'en introduire la coutume : chose assez particuliere à cette nation, de payer des gents pour ne rien faire.

I'ay veu dans le pays vn formulaire d'Oraisons, où celle-cy qu'ils doiuent dire quand on leue l'Hostie, se rencontre: Seigneur ie vous adore en vostre Croix, & au iugement general qui se doit faire à la fin du monde: comme qui diroit au Roy; Sire ie saluë vostre Majesté dans l'armée où elle estoit il y a deux ans, & au Palais en son lict de Iustice où elle sera dans six semaines. Cela me fit penser que leur foy n'est pas la nostre sur cét article,

cle, ou que les autheurs de ces belles prieres, qui les ont tant de fois reueus, & fait imprimer tant de fois, s'expliquent malheureusement.

Leurs Prestres se plaisent fort à entendre plusieurs fois les mesmes pechez de la bouche de leurs penitens. Apres qu'ils leur ont donné la peine de tout dire, le plus souuent ils leur refusent l'absolution qu'ils demandent, sans aucun sujet qui le merite, & les consolent de promesses: cette redite établis quelquefois vne grande familiarité, sur des matieres fort faścheuses entre des personnes qui n'en deuroient pas auoir: ou cause vne honte excessiue qui en éloigne plusieurs du tribunal, plustost resolus de perir que d'acheter leur grace par ces confusions redoublées & qui ne sont point necessaires.

Il est vray que l'on dit que les Docteurs de ce pays là, ne tiennent pas l'absolution vne chose fort effectiue, qu'ils enseignent qu'elle n'est qu'vne simple declaration de la grace que l'on a obtenuë par la douleur interieure: qu'vn homme s'en peut bien passer, & que le prisonnier élargy se doit soucier fort peu qu'on luy dise que le geolier a ouuert la porte, ou qu'on ne luy en parle point.

C'est dans cette pensée qu'ils ne se pressent pas de donner l'absolution; qu'ils la refusent assez souuent aux mourans, & les renuoyent à la semaine suiuante.

Ce cruel procedé en a jetté plusieurs dans le desespoir, & en a obligé beaucoup d'autres de sortir du pays pour se décharger de leurs crimes chez des nations plus humaines & plus raisonnables, où le joug de la Religion Chrestienne n'est pas plus pesant que Iesus-Christ la voulu faire.

Les Ianseniens parlent fort de penitence publique, mais comme les femmes font de l'armée où elles ne vont iamais, car l'on n'en voit vn seul qui s'y porte, & ce babil ne se termine qu'à vne chose, de s'abstenir de l'Eucharistie, ou de n'aller point à la

Messe, à quoy ils trouuent de merueilleuses facilitez; C'est la leur penitence publique, leur principale austerité, leur haute deuotion, leur sanctification admirable.

Comme l'abstinence de l'Eucharistie leur semble le plus meritoire de tous les ieusnes, ils content les semaines & les mois qu'ils s'en sont priuez pour s'en faire vn sujet de grande consolation; quelquefois mesme ils laissent passer la feste de Pasques, & disent à leurs bons compatriotes, Dieu mercy voila tantost deux ans que ie ne me suis aproché du Seigneur, i'en espere vne grande force, & que celuy qui recompence les humbles, me fera des graces qu'il ne donne point à ces intemperans de Communion, qui penseroient mourir de faim s'ils n'estoient tousiours à la Sainte Table: aussi ont-ils souuent ce mot en bouche, Seigneur retirez vous de moy car ie suis homme pecheur, plustost que celuy-cy; Venez à moy & ie vous soulageray.

 Depuis quelque temps

neantmoins, en certains lieux ils affectent la frequente Communion, & combattent leurs propres maximes, pour empescher que l'on dise ; vrayement ces gens-là ne sont pas sages, qui croyent que la grace est donnée plus abondamment quand on s'esloigne de la source; que le pain du Ciel profite plus à ceux qui ne le mangent point, qu'aux autres qui en vsent fort souuent ; enfin que les malades se portent mieux s'ils se priuent d'vn remede ordonné pour leur guerison.

Mais leurs liures qu'ils ne peuuent supprimer à present, en ont tant fait sçauoir que l'on peut dire sans iugement temeraire, qu'aux lieux où ils communient dauantage, ils pratiquent ce qu'ils ont blasmé, ils detruisent ce qu'ils ont tasché de bastir par tous les artifices & par toutes les surprises de leur dangereuse éloquence. Mais peut-estre que depuis qu'ils ont publié les écrits, la nature humaine a changé en eux, & ne tombe plus dans ces fautes ordinaires aux iustes, qu'ils disoient pourtant deuoir estre vn empeschement de Communion, lors que par les difficultez qu'ils y apportoient, ils induisoient le monde à s'en abstenir tout à fait.

Leur Calendrier est fort different du nostre: ils en ont effacé douze ou quinze Papes, dont la pluspart ont prononcé contre les erreurs qu'ils professent, & doute-t'on si c'est par vangeance ou pour faire place à dautres saints dont les noms se rapportent à ceux de leurs gens, & qui leur plaisent dauantage.

Ils ne reçoiuent point de moines, mais ils veulent bien les moinesses, sans que l'on puisse sçauoir pourquoy, car c'est vn mesme institut, & il semble que les consequences soient les mesmes à des personnes qui ne cherchent point de raisons dans la difference des sexes.

Il y a presse à qui sera Directeur de ces recluses, & ceux qui sont choisis pour cela y trouuent tant d'appas, tant de douceur, tant de fruit à faire, qu'à grand' peine peuuent-ils partir de leurs grilles. Ils leur deffendent sur tout les liures qui ne sont point partis de leur main, comme indignes d'estre leus ou pernicieux ; d'autresfois ils vont plus auant, & les font obliger par vœu de n'en voir iamais aucun, de crainte que les réponses que l'on fait aux leurs ne changent les esprits de ces Beates qu'ils tiennent sous la tyrannie : & pour adoucir cette fascheuse seruitude par la curiosité, qui est naturelle au sexe, ils leurs enseignent la Philosophie en langue vulgaire, ou leur apprennent le Latin.

En quelques endroits, les Directeurs ostent le long habit tous les matins, & se transforment en manœuures pour auoir permission d'entrer dans les iardins interieurs (ce qu'ils ne pourroient pas autrement en bonne conscience) & apres qu'ils ont passé l'heure à trauailler auec la beche ou le hoyau; par vne seconde metamorphose, ils changent de condition : ils se lauent les mains & le visage pour en oster la poussiere & la sueur: ils reprennent la robe qu'ils auoient quittée, ils deuiennent plus graues, ils parlent de choses spirituelles, & alors on les nomme Prestres; comme i'ay apris d'vne recluse du pays, à laquelle ie n'eus permission de parler qu'apres de longues ceremonies : mais quoy que cela se passe sans scandale, & mesme auec modestie, comme elle m'asseura, neantmoins vne chose si extraordinaire ne laissa pas de me donner beaucoup d'admiration.

Ils sont si zelez à leur mode, pour la propagation de leur foy, que non seulement ils deputent des hommes pour l'establir où elle n'a pas encore esté receuë, mais aussi des Missionnaires femelles qui expliquent brauement leur Theologie, ce qui a fait dire que dans la Iansenie il y a des Professeurs de tout sexe, & que la doctrine y estoit tombée en quenoüille.

Ils ont mesme des agens de religion deguisez, qui passent aux autres pays pour y gagner les esprits; ceux-là ne se declarent que bien tard, apres s'estre aquis la reputation de gens paisibles qui ne cherchent que la pure gloire de Dieu, & seulement quand ils preuoyent que cela pourra seruir à l'auancement de la secte.

Pour se faire estimer plus religieux, ils ont des demy Anachorettes, qui ne sont ny moynes ny seculiers: ceux là viuent retirez, & l'on ne sçait rien de leur solitude, sinon que quelques-vns font des paniers, les autres des sabots ou des alumettes, qui se vendent par apres au marché, & que les plus deuots d'entre eux regardent comme des reliques.

Les Holandois qui ont passé dans le pays des Ianseniens y ont decrié les Iesuites, c'est pourquoy ils ont fait vn statut de ne les receuoir iamais, & croit on qu'ils seront plus constans en ce propos, que n'a esté la Republique de Venise.

Ce peuple vit dans vne merueilleuse vnion : ce qu'vn fait les autres l'aprouuent sans l'examiner dauantage; ils se renuoyent les loüanges fort officieusement, & ce panegyrique reciproque & perpetuel monstre montre vne grande charité.

Pour donner reputation à leurs Predicateurs ils leurs amenent des gens instruits à tous les gestes qu'il faut faire pour témoigner qu'on est rauy; qu'il est impossible de mieux faire; mesme ils ont soin que l'on voye grand nombre de carrosses à la porte des Eglises où le sermon se fait, & que les cochers fassent grand bruit.

S'ils font des aumosnes, c'est tousiours auec vn grád exemple, car l'on donne ordre que tout le monde le sçache. Pour vne chemise que quelqu'vn aura donné à vn pauure, le bruit court aussi tost qu'il a employé en charitez plus de huict cens aulnes de toille. Pour vn boüillon qu'il aura enuoyé à vn malade, l'on ne parlera de rien moins que d'vn tonneau de consommé ; ce qu'ils disent vouloir le plus couurir se fait tousiours auec éclat, & vn teston qui tombe de leur main rend plus de son que toutes les cloches de Nostre-Dame de Paris. En cela ils semblent imiter la coutume de nos blanques, où pour vn miroir de trois sols qu'on aura tiré, pour vne paire de gans, le trompette fait fanfarre, & le publie à tous ceux qui se trouuent là.

Voicy ce qui donne l'estime à leurs aumosnes pour cheriues qu'elles soient: Ils font vne bourse commune de tout ce que les particuliers ont deuotion de donner: comme leur nombre est fort grand, il ne faut pas s'étonner que tant de goutes d'eau remplissent bien tost le bassin. Cét amas estant fait, l'on en donne la charge à certaines gens polis.

accords, propres, bien parlans, & d'vn visage deuot & doux, capables de se faire aymer. Saisis de cét argent, qui ne leur est pas inutile, ils le repandent en diuers lieux, & cherchent à reconnoistre les necessitez du peuple, pour auoir occasion d'employer ces finances ramassées, non pas en qualité de Commis mais de personnes religieuses, & zelées, qui ne se soucient point des biens de la terre, qui les répandent à pleines mains, & qui croyent que leur patrimoine apartient à tous ceux qui en ont le plus de besoin. Assez souuent neantmoins ces personnes enuoyées ne donnent chose aucune de leur part, & le peuple croit qu'ils sont la source, quoy qu'ils ne soient que les canaux.

Sur cette opinion le bruit s'eleue que l'esprit de la Iansenie est vn esprit de charité, & qu'il s'y trouue des hommes diuins qui distribuent aux pauures tout ce qu'ils possedent: qui ayment mieux patir eux mesmes que de voir souffrir le prochain; quoy qu'en bonne foy ils sçachent bien que ces loüanges qu'on leur donne ne leur sont pas deuës, ils les prennent neantmoins, & auec vn doux soury ils disent à la compagnie qu'ils sont bien marris de ne pouuoir faire dauantage. Cela est cause qu'on les admire, qu'on les suit, & que l'on reçoit de leur bouche tout ce qu'ils veulent auancer, car le monde ne peut croire que ces gens si charitables veuillent ou puissent mentir.

L'on dit des Sauuages que pour vne bouteille

d'eau de vie, qu'ils ayment fort, on les fera facillement resoudre d'estre Chrestiens, mais que l'eau du Baptesme toute seule ne leur donne point de deuotion. La mesme chose se voit dans ce peuple qui se laisse gagner aux Ianseniens; car la doctrine qu'on luy propose n'est reçeuë qu'en faueur des liberalités qui l'accompagnent: pour faire aualler cette drogue, les Docteurs ont pourueu que l'interest en fust vn asseuré vehicule.

Ce mesme zele qu'ils affectent de montrer pour

les pauures, leur fait desaprouuer ce qu'on leur a dit qu'en d'autres pays l'on voit des Eglises enrichies de marbre & de precieuses peintures. Ils iugent que c'est faire iustice aux necessiteux, d'oster à Dieu ces grands ornemens qui ne luy seruent de rien, pour les conuertir en leur vsage : & que Salomon aura esté bien foüetté en l'autre monde pour auoir fait vn Temple si magnifique où l'or couuroit iusqu'aux murailles : que dés lors il commença de n'estre pas sage, & qu'il ne faut nullement douter que tous les gens de bien de Ierusalem n'en fussent fort scandalisez.

Ils ont des Colleges pour instruire leur ieunesse ; & quelque riche dupe que l'on gagne à force de loüanges & de flaterie, se charge de payer les gages des Regents ou la pension des écoliers, s'ils sont pauures, mais à condition qu'on leur enseignera de bonne heure que Iesus-Christ n'a point souffert pour les enfans morts-nés, & que toutes les actions des infidelles, mesme de

retirer leur peres du nau-
frage, ou d'empefcher vn
homicide font autant de
pechés mortels, qui meri-
tent la damnation éter-
nelle, & que Dieu doit
punir comme les viole-
mens, les parricides & les
facrileges: car ils tiennent
que c'eſt vne obligation
de falut, de ſçauoir & de
croire tout cela auſſi bien
que le myſtere de la Tri-
nité & de l'Incarnation du
Verbe; ce qui ſe connoiſt
par ce grand foing qu'ils
prennent d'en inſtruire les
valets, les chambrieres,
les artifans, & par le bruit

de Ianfenie.

qu'ils font quand l'on auance le contraire.

Pour ce fujet l'on donne aux ieunes efcoliers vn liure dont les pages font diuifées en deux colomnes: l'vne contient les regles de grammaire, l'autre la doctrine des enfans mort-nés, & des pechez des infidelles. S'ils n'aprenent l'vne & l'autre leçon coniointement, leur derriere répond pour la tefte. Voicy vne des queftions qu'on leur fait. Venez çà, mon fils, fi vous eftiez infidelle & que voftre pere fuft tombé dans le puys, l'en retireriez vous? s'il répond, non: Ah l'ingrat, le meschant, dit le Regent, il n'a point de naturel; s'il dit, oüy; il luy repart, mon fils, vous feriés vn grand mal: Dieu vous en sçauroit mauuais gré: vous vous damneriez: Quoy? pour sauuer vn pere vous voudriez commettre vn peché mortel? il seroit beaucoup plus enorme qu'en le laissant perir; car les pechez d'obmission sont plus pardonnables que les autres.

Quand vous serez plus auancez dans les études,

l'on vons parlera d'vn certain personnage que l'on nomme le pieux Ænée, parce qu'il se chargea de son pere, qui estoit vieux, pour le sauuer d'vn embrasement. C'estoit vn meschant & il ne pût enleuer le bon homme sans peché mortel.

L'on vous dira encore que Biton & Cleobis estoient de bons garçons, parce que leur mere indisposée voulant aller au temple en vn iour de feste & n'ayant point de cheuaux de carrosse, ils s'attelerent eux mesmes &

l'y menerent. Ce bon office qui leur a acquis vne reputation immortelle fût vn grand peché: & si iamais l'on vous dit le contraire, tenez vous fermes la dedás.

Peut-estre quelque iour lirez-vous la Bible (car vous pouuez deuenir Prestres:) quand vous y verrez que les sages femmes d'Egypte ne voulurent pas étoufer les enfans des Hebreux comme on leur auoit commandé, gardez vous bien d'estimer cette impie misericorde, car vous feriez état d'vne fort meschante action. En vn mot, la iustice qu'vn iuge payen rend au peuple, merite elle mesme le feu, parce que sans la grace tout ce qu'il fait est gasté & deuient crime par vne fin corrompuë.

Quant aux enfans morts-nés, voicy ce qu'ils disent. Mes enfans, il faut remarquer qu'il y a des exceptions de redemption comme il y en a de Grammaire, & que ceux là doiuent necessairement perir, que Iesus-Christ n'a point voulu comprendre dans le nombre des rachetez. Entre ces miserables exclus, les enfans morts-nés se rencontrent ; helas (adioustent-ils) Dieu n'auroit point souffert pour vous (ieunesse) si vos meres s'estoient blessées deuant leurs couches : si elles s'estoient iettées par la fenestre ou dans la riuiere, si vne tuille leur estoit tombée sur la teste ! mais parce que vous n'auez pas esté étoufez dans leurs ventres, il se peut bien faire que Iesus-Christ aye rependu son sang pour vostre salut: car de vous en asseurer, ie ne le puis, ny ne le dois. Peut estre n'a-t-il point souffert pour

pour ce beau fils, ny pour celuy là non plus, peut-estre que si, & c'est l'opinion de nos Docteurs qu'il ny a rien d'asseuré de cette part.

Comme les Regens ne sont gagez que pour leur aprendre ces choses & les autres par occasion, ils ont grand soing que leurs écoliers n'en ignorent rien, deussent ils mourir de frayeur, ou en perdre la ceruelle comme il arriue assez souuent.

Les femmes qui sont ordonnées pour monstrer à lire aux petites filles, font

F

paroistre pour le moins autant de zele pour inspirer leur creance à ce petit monde. Ne pensez pas, mes filles, disent-elles, que la grace de Dieu soit tousiours auec nous ; helas! non. Il y a des temps miserables où c'est bien force de perir. Que ferions-nous si Dieu se retire? cela pourtant arriue souuent : sommes nous pas bien mal-heureuses? L'on nous commande la chasteté & quelques fois nous sommes destituées des forces necessaires pour la conseruer: retenez bien cela (mes filles) il y va de vostre salut de ne l'ignorer pas, & dans l'occasion vous en pourrez auoir besoing. Il y a des maris qui ne seroient pas si cruels à leurs femmes s'ils auoient étudié la Theologie: car ils sçauroient que la grace nous est souuent déniée, & qu'en ce cas il faut plutost auoir pitié de nos foiblesses, que se fascher pour des fautes où nous tombons par l'absence d'vn secours que Dieu nous refuse, ou pour nous chastier de nos infidelitez, ou pour nous apprendre par vne cheute necessaire que nous ne pouuons rien sans luy.

C'est ainsi qu'elles forment la ieunesse à cette patience qui se resoud aux derniers hontes du sexe, quand les sollicitations sont viues & les occasions presentes: car quoy qu'elles n'ayent pas dessein de faire des leçons d'impudicité à leurs petites écolieres, la doctrine pourtant va là, & quand l'aage a meury le corps, la nature sçait bien en reueiller la memoire.

Aussi dans la Iansenie les gaillards ne manquent iamais d'alleguer leurs Docteurs à celles qu'ils veulent corrompre & de leur dire qu'il y a des momens où la resistance n'est point en nostre pouuoir. Cette impression iointe à la conuoitise que l'on reueille par ces discours pernicieux, fait croire aysement à vne miserable creature que le moment où l'on luy parle est cét instant qui n'est point en la disposition de la volonté, & qu'il est temps de se rendre, puis que Dieu n'est plus du party de la vertu combatuë.

Entre eux le celibat est annexé au Sacerdoce comme dans l'Eglise Romaine, mais l'on ne sçait s'ils receueroient cette coustume dans le pays si elle n'y estoit pas introduitte. De fait i'ay veu quelques Laïques officieux qui se proposoient de representer combien elle estoit incommode ; qu'elle peut causer beaucoup de débauches dans les personnes qui se sont dediées à l'Autel ; que par cette loy rigoureuse, l'on retranchoit la deuotion qu'ils pouuoient auoir au sacrement de mariage; & ils disoient tout cela en regardant le Ciel, en haussant les épaules, en soupirant.

Ils souffrent que les Laïques Communient sous vne espece, mais beaucoup d'entr'eux asseurent que le contraire seroit fort à desirer. L'on croit que cette lumiere leur fut apportée d'Angleterre auec d'autres marchandises dont ils ne se vanterent pas, pource qu'elles estoient sujettes à confiscation, & qu'ils eussent esté repris pour les auoir receuës contre l'ordre du Magistrat.

C'est vne opinion commune que le peuple de la

janfenie reconnoiſtroit facilement l'authorité du Saint Siege ſi les Docteurs de la Loy n'y apportoient point d'obſtacle. Mais ils veillent à cela ſur toutes choſes, & vont par les maiſons pour confirmer les vacillans en la foy, les exhortans importunement à la perſeuerance dans la Religion du pays, & meſme à ſouffrir le martyre, en cas que quelque puiſſance étrangere les vouluſt forcer à prendre d'autres ſentimens.

Ce ſoing n'empeſcha pas pourtant qu'il ne ſe fiſt vne

émotió publique, il y a quelques années, sur le soupçon violent qu'eurent plusieurs qu'on abusoit de leur facilité, & que la raison pour laquelle on n'estoit point d'intelligence auec le Pape, c'est que Rome & l'erreur ne s'accordent pas. Sur ces plaintes, dont les suites pouuoient estre fort dangereuses, les Docteurs assemblez conclurent qu'il falloit obeïr au temps, contenter le peuple, & enuoyer des deputez au Pontife Romain, comme pour se soûmettre à ses ordres & luy demander l'éclaircissement de certains doûtes qui faisoient peine aux consciences. Que s'il approuuoit leur doctrine à la bonne heure, parce qu'ils ne demandoient pas mieux, sinon que l'Eglise pliast, & quelle confessast auoir failly iusque là: que si au contraire il determinoit autre chose que ce qu'ils auoient coutume d'enseigner, l'on chercheroit des explications dont le peuple seroit content, sans que la foy du pays y fust aucunement interessée, & parce que l'on voyoit à peu pres ce que Rome deuoit dire la dessus, que l'on tiendroit des réponses toutes prestes pour satisfaire aux objections des ennemis. Que l'on feroit, de plus, force traductions de certains traittez des Peres qui sembloient ne s'esloigner pas de leur opinion, & que quand il ny auroit qu'vne periode qui les pourroit fauoriser, il ne falloit pas laisser de traduire le liure entier, pour montrer au peuple & aux femmes.

Dauantage il fut arresté que si quelqu'vn d'entr'eux, pour éuiter les foudres du Vatican, se resoluoit à vne lasche obeissance, & venoit à signer quelque article qui leur fust preiudiciable, ils le declareroient retranché de leur corps, indigne, d'en auoir iamais esté, & d'en pouuoir estre ; qu'en qualité d'excommunié il n'auroit plus de part aux graces de leur amitié, de leur entretien, de leurs éloges, ny aux merites de leur bourse.

Auant que de se separer ils auiserent aux moyens qu'il falloit tenir pour gagner quelques Euesques, ce qui pouuoit beaucoup contribuer à la reputation de leur doctrine, quand mesme le Pape l'auroit frappée d'anatheme, parce qu'il seroit aysé de persuader au petit monde que la foy du Prelat est tousiours celle de l'Eglise.

Quelqu'vn representa qu'en Italie il y auoit beaucoup de pauures Euesques: qu'il falloit proposer à quelques-vns de ceux là par des lettres fort ciuiles, que s'ils vouloient auoir la bonté de passer dans la Iansenie, où leur reputation s'estoit desia fort estenduë, ils y receueroiét tout l'honneur qui estoit deu à leurs merites, qu'encore qu'il ne fust pas de la bien-seance de proposer des raisons d'vtilité à des Prelats desinteressées, neantmoins qu'ils souffrissent ce mot: que le Iansenie sçauroit bien reconoistre leur peine; qu'elle entretiendroit leurs tables, leurs carrosses, tout leur train : & qu'au reste l'on n'en sçauroit rien.

L'on deuoit adiouster que s'ils aprehendoient la peine de faire les ordres, ils s'en pourroient souuent dispenser, parce qu'ils ne vouloient que fort peu de Prestres, & que dans chaque Eglise vne Messe suffiroit pour la semaine, qu'ils leur donneroiét des grands Vicaires fort gens de bien, s'ils n'en vouloient choisir eux mesmes; mais que sur tout, ils n'amenassent point de moines parce que cette race ne parle que de priuileges, & que leur pays n'en souffre point.

D'autres furent d'opinion qu'il falloit écrire en Espagne où ils croyoient pouuoir trouuer des hommes disposés à tout faire par la consideration de la grandeur, car c'est la passion des Espagnols, & vn homme se pense assés heureux de tenir le haut du paué, ne deust il humer que du vent, & ne manger que des raues. Ils deuoient representer dans ces lettres, la disposition où l'on estoit de leur donner le mesme rang parmy eux que le Pape tient dans Rome ; que l'on ne feroit rien que par leur ordre ; que toute la nation estoit dans le mesme sentiment, & resoluë de ne rien épargner pour faire que l'Euesque auec son train portast l'image

mage de l'Eglise triomphante.

La pensée de quelques-vns estoit de tourner leurs desseins du costé de France, mais d'autres plus intelligens donnent aduis qu'en ce Royaume là, les Euesques estoient tellement d'accord auec le Pape qu'il n'estoit pas croyable qu'ils s'en voulussent iamais détacher. Que si quelqu'vn se declaroit pour la Iansenie, il passeroit entre les autres Prelats pour vn deserteur de la foy; & que quelque apparence de probité qu'il monstrast,

G

l'on n'en pourroit auoir bonne opinion: en vn mot que ce seroit vne chose superfluë, & s'exposer a vn manifeste refus, de vouloir attirer a leur party, des hommes, qui se sont formés vne conscience toute contraire, & qui pour rien du monde ne voudroient s'exposer a vne si grande infamie.

Cette diuersité d'opinions, fut cause que pour l'heure ils ne determinerent rien sur cet article, & ainsi ils se separerent apres auoir auerty leurs deputez, que l'air de Rome ne leur valoit rien: qu'ils n'oubliassent pas leurs calotes, affin d'estre toujours couuerts, mesme deuant le Pape, & que quand ils seroient de retour en la Iansenie qui estoit leur pays natal, il seroit assés temps de se decouurir.

Bien-tost apres que ces choses furent passées, vn bruit se repandit aux enuirons que la peste auoit tout perdu dans le pays Iansenien, & qu'il n'y estoit demeuré vne seule ame; car quoy que cette Prouince soit fort suiette aux vens, ce qui a fait doûter si ce n'estoit point l'Eolie, neantmoins la contagion y fait souuent de grands rauages, de quoy les Medecins s'estonnent, & il y auoit fondement de croire que le mal auoit esté grand.

Ce fut alors que l'on pût connoistre combien les Ianseniens estoient en abomination à tout le monde. Car sur la nouuelle que leur race estoit esteinte, plusieurs peuples à l'enuy firent des feux de ioye, & defoncerent les tonneaux de vin par les ruës, ne croyant pas pouuoir faire trop de profusion pour témoigner leur allegresse ; mais cette satisfaction ne fust pas longue: elle ne dura que iusqu'au commencement de l'hyuer suiuant. Car déslors les Ianseniens que la peste auoit écartez, & qui s'estoient retirez dans les cauernes, commencerent à sortir de leurs trous auec des visages qui n'auoient pas encore perdu toutes les marques de la crainte. Ils rentroient dans la ville peu à peu : tantost seuls, tantost deux à deux, apres auoir cent fois retiré le pied sur le soupçon, s'ils seroient en seureté dans leurs premieres demeures. Enfin la peur s'en alla tout à fait, l'experience ayant fait voir que le mauuais air s'estoit dissipé, & parce que la mortalité n'auoit pas esté grande, quelque frayeur & quelque bruit qu'elle eust causé, en moins de six mois la ville se trouua remplie à peu pres comme auparauant.

Les autres peuples qui s'estoient resioüis de leur mort, temoignerent tant d'affliction pour ce retour des Ianseniens, que bien peu s'en fallut qu'ils n'en portassent le dueil. Depuis ce temps-là, ce ne furent qu'insultes de part & d'autre : les vns reprochans à leurs ennemis la lascheté d'auoir esté si passionnez contre des gens qu'ils croyoient morts: eux soutenans au contraire qu'ils n'en auoient pas assez fait, & que le monde ne sçauroit montrer trop de ioye quand on le décharge d'vne si mal-heureuse secte.

F I N.

EXPLICATION de la Carte.

LE Ianfenifme eſt vne égale difpofi-tion au Libertina-ge, au Defefpoir, & au Caluinifme. L'opinion que la Grace neceſſite la volonté au bien, quand elle nous eſt donnée, quoy qui arriue & quoy qu'on faſſe, fait le Libertin. La doctrine qui enfeigne que Iefus-Chriſt n'eſt point

mort pour tous, & qu'il veut dénier sa Grace à plusieurs qui ne peuuent estre sauuez que par elle, fait le Desesperé. La secte qui retranche à la liberté de l'homme ce qui la constituë, qui soûtient que les Commandemens de Dieu sont impossibles, qui porte au mépris du Souuerain Pontife, de ses Decrets, de ses Censures, fait le Caluiniste. Ceux qui semblent n'aller point iusques là, se perdent dans le Iansenisme mesme, comme vous voyez par ces monstres & par ces naufrages, dans la mer qui porte son nom. Ces riuieres, ces coches, ces cheuaux de poste, ces bateaux chargez de liures & d'autres marchandises, font voir à quoy trauaille le Iansenisme, & où il mene : ses communications auec les errants, dont il se dit fort éloigné, & enfin combien il est dangereux de professer vne doctrine dont les principes inuitent le monde à Charenton, à la débauche, ou à la corde.

Ces cyprés qui poussent entre les rochers, ces arbres funestes où vous voyez des hommes pendus, montrent que le pays qui ioint la Iansenie du costé d'Occident est vne region de Desespoir. Celle que vous voyez à l'opposite, n'a rien que de plaisant, aussi est elle plus habitée que l'autre, parce que le Libertinage attire plus de monde, que la deffiance de la bonté de Dieu n'en fait perir. Ces statuës de Bacchus & de Venus font voir quels sont les exercices de ceux qui sont passez du Iansenisme dans cette terre de volupté, & quels Dieux y sont adorez. La Caluinie qui tient le haut de la Carte, & à laquelle vous voyez aller tant de gens, designe ce que vous sçauez de ces miserables, qui apres auoir roulé quelque temps sous vn nom qui pouuoit faire encore ambiguité, se sont enfin declarez francs disciples de Caluin. Ces autres qui creusent la terre dans la Iansenie, n'y seroient pas si attachez s'ils n'en esperoient du profit. Le tombeau frapé de la foudre est celuy du Professeur Flamand, dont le Pape a condamné & fait leuer l'Epitaphe. Le liure parle assez du lac. Cette forest où se voit vne habitation, est la retraite des demy-moynes, qui sont ce qu'ils ne sont pas, & qui ne sont pas ce qu'ils sont. L'on vous laisse à deuiner les animaux pour vostre exercice : ces asnes à demy embeguinez : Ces oysons par troupes, ces grands veaux qu'on pourroit prendre pour des bœufs, ces loups brebis, ces agreables hybous, ces cerfs à haut ramage, ces renards amis des poules, car tout cela merite bien que vous preniez la peine d'en chercher l'explication. Il est encore parlé d'autres animaux dans la relation du pays, pesez-en tous les mots, il n'y en a point d'inutiles ; si vous l'étudiez comme il faut depuis vn bout iusques à l'autre, vous y découurirez agreablement ce que les Jansenistes enseignent, ce qu'ils couuent, ce qu'ils ont fait, ce qu'ils peuuent faire.

Comme i'acheuois de composer cette Relation, ces deux lettres qui touchent le mesme sujet, m'ont esté données par vn de mes amis qui en auoit pris la copie, i'ay cru vous obliger, Lecteur, de vous en donner la veuë.

Monsieur,

I'apprens que le Iansenisme est malade à l'extremité; s'il meurt, comme il y a bien de l'apparence, il n'aura pas vescu long-temps. Il faut croire que Dieu veut absolument qu'il perisse, puis que tous les remedes ne font rien, & que sa grande ieunesse ne le peut sauuer. L'on asseure qu'il a fait testament, & qu'il laisse ses liures à vn Ministre, dont on ne m'a pu dire le nom. Celuy qui sera prié de faire l'Oraison Funebre aura bien dequoy s'estendre s'il veut ne rien oublier, & s'attacher à tous les memoires qu'on luy donnera. I'ay veu par occasion vn papier où il est hautement loüé d'auoir esté assez genereux pour choquer deux Papes, &

pes & pour soutenir quatre anathemes sans branler. Ie ne pense pas qu'on prie Dieu pour luy apres sa mort n'y que l'on fasse toutes les ceremonies des trepassés, parce que ses proches le croiront glorieux dans le Ciel, du moment qu'il expirera, & qu'ils ne sont pas gens pour luy appliquer des indulgences de Rome, ny pour luy donner de l'eau benitte; car comme vous sçaués ce n'est point là leur deuotion. S'ils se reglent sur la coutume de leurs bons amis ils pourront bien dire ce mot, corps mort dors iusques à ce que le Seigneur te reueille. L'on m'escrit que plusieurs domestiques du malade n'auront que faire de se mettre en peine de chercher maistre apres sa mort, parceque de fort honnestes personnes de divers états & mesmes d'Eglise se sont obligées de les prendre, en leur faisant changer de couleurs. Nous connoistrons par là certainement ceux qui auront esté les veritables amis du deffunct, & ce ne sera plus deviner les inclinations dont on verra des signes plus autentiques que ceux des notaires. Si on fait l'inuentaire de tous les meubles auec les formes receües en France, ceux qui prennent plaisir à se deguiser au temps du carneual y trouueront leur fait a bon compte ; car l'on dit qu'il y à plus de cinquante, tant perruques que barbes & autant d'habits differens qu'il auoit coutume de prendre, selon le personnage qu'il jouoit, quand il vouloit n'estre point cognu. Mais il n'y à pas d'apparence que les heritiers veuillent produire tout cela : ils pourront s'en accommoder eux mesmes & la prudence les obligera sans doute, de separer entre eux à l'amiable les pieces de cette nature. Ie m'imagine qu'ils auront soing de brusler quantité de lettres & d'autres papiers qui reueleroient bien des mysteres si on les voyoit, car auiourdhuy l'on dechiffre tout, & apres ce qui a esté decouuert dans les lettres du Docteur Flamand plus obscures que les Enygmes, il ne faut point croire qu'vn secret communiqué à vn amy, en termes incognus, ou en carracteres barbares, puisse estre long temps ignoré s'il tombe entre les mains d'vne personne intelligente. Quand j'en scauray dauantage ie vous en feray part, cependant ie demeure à mon ordinaire.

Vostre tres-humble, &c.

RESPONSE

Monsieur,

Ie ne sçay ou vous auès mis vostre charité, vrayement cela n'est pas bien, de se rire ainsi des malades. Vous vous faites vn suiet de diuertissement d'vne chose qui afflige beaucoup de monde. Croirez vous que i'en ay veu de si transportés de douleur qu'ils en perdoient quasi la raison. Si la mort vient en suite de la maladie, ce sera bien pis, & ie crains fort qu'ils ne s'echappent à dire contre les puissances ce qui meriteroit un chastiment exemplaire; car ie ne doute point que le Magistrat n'en voulust cognoistre & ce seroit faict d'eux si l'on en venoit au tribunal. Ne me croyés pas, ie vous prie, moins Catholique pour auoir ce sentiment ; quoy que ces gens là ne soient pas de nostre religion, i'ay pourtant pitié de leurs larmes, parce que ie suis homme, & que la compassion est vne chose que nous deuons, non seulement aux iustes affligez, mais encore aux criminels miserables. Ie suis.

MONSIEVR, Vostre, &c.